AF373897

Colección #61

"Mi Don"

Amaury González Reyes

OASIS & ALAMBIQUE
PUBLISHING

Published by:
OASIS & ALAMBIQUE PUBLISHING CORP.
Miami, Florida
(c) 2020 Amaury González Reyes
~Colección #61: "Mi Don"
ISBN- 9798673579268

Esta colección #61 fue terminada en Miami, en el mes de septiembre del 2009.

TÍTULOS

1- <u>PENSAMIENTO DE UN LOCO</u>

Si me gustan las cosas que a otros no les gustan, estoy loco. Si me visto o me desvisto, soy un loco más… Que si el Pasado fue incierto y el Futuro es perfecto. Y, ¿dónde meto el Presente?
Estoy tan loco que quiero pensar como si estuviera loco. Ser más loco que cualquier locura y escaparme del Sanatorio corriendo a favor de la puerta principal.
No hay infortunios en la demencia ni manías en la cordura.
Soy loco como lo quiero ser, mi manera y búsqueda coordinan con la decisión de mis inquietudes personales.
Me destina la dicha infraganti de recopilar la juventud, pero loco hasta el final de mis días…
¡Y seguiré más loco!

2- <u>AMANEZCO, RECONOZCO Y BUSQUÉ</u>

Amanezco sin tu cintura
pero vivo contigo todo el día;
eres la más bella criatura
que afina la armonía.

Reconozco que no te anhelo
aunque el espejo me dice que sí:
"Es la dama de tu cielo
con miniatura del frenesí."

Busqué la información de tu piel
y hallé contrato en tus poros;
la melancolía en ti es miel
y tus cabellos son mis tesoros.

3- <u>APOCO MI SER</u>

Casi tuyo, si quieres… Ciego en la tesitura del simulacro. Amenazante símbolo después de ver la política y las enfermedades. Soy yo el que escribo y me repito, pero es el estilo, no lo puedo negar. Satisfacerme como quiero en la libertad que me toca.
Puedo existir únicamente si soy yo, en ti.

4- <u>LITERATURA PROPIA</u>

Puedo contar esta noche un chiste, montar un patín en la periferia, burlarme de las cosas de Venezuela o embriagarme con el sudor de alguna dama.

El hecho es estar en el vicio que nos descuenta la vida. No podemos perdernos un detalle que no necesitemos en la próxima parada del ómnibus Destino.

Recargar la bragueta de labia, es medirse ante las pantallas que nos prestan los japoneses para advertirnos, que somos tan grandes que sus pequeños cuerpecitos, llevan menos sustancias que neuronas brillantes en sus cerebros.

Recapacitaremos los líos tenidos y nos meteremos las sagacidades donde mejor nos quepan. No somos trocitos de nieve que se disuelven y ya. Quedamos aquí, estamos aquí, el calor nos derrite en tiempos de escasez de líderes.

Fui juzgado cuando una dictadura me dictaba las cosas que tenía que hacer. Fui puesto en libertad cuando se dieron cuenta que era incorregible, y que hacía lo que amaba y no había yugo que me pudiera sostener.

Soy tan poeta como el poeta tan recóndito; soy tan manuscrito como el viejo Testamento; soy un poeta de tiempo inverso y catarata derruida.

Aquí aparezco otra vez... Pensando o, mejor dicho, trozando las acciones en meditaciones obligadas... La vida es una mierda. A lo mejor mañana cambio de parecer.

Nunca me voy…, pero sí me tomo las ocupaciones que me corresponden; pero los amigos son los únicos que quedan, los sinceros de verdad. Esperando siempre el momento de cazar al ciervo. La vida continúa, pero le falta salsa a mitad de camino. No le falles a Dios, es el único que lo sabe todo de ti.

5- <u>MI DISGUSTO</u>

A veces cuando me pregunto, que, si en realidad mi mujer me ama o que, si los amigos que tengo son realmente mis amigos, es cuando me siento trastornado. Es algo raro las confusiones que la vida nos va dando en el transcurso de esta... Me mutila la gracia en mis intenciones, y las cuatro monedas que me observan se deciden a parir billetes.

El mundo es una miscelánea que se prostituye en el instante más preciso, cuando uno tiene la intuición de ser más allá de un ser humano, pero el amor se interpone y la desgracia no tiene gracia para uno, para el que está jodido, para el que piensa y resiste como lo dicta la costumbre.

6- <u>DEJAR DE SER TUYO</u>

Dejar de ser tuyo
es combatir contra la ley de gravedad.

Desmesurarse por tu belleza
es no mentirle a la verdad.

Colocarse en el portal de tus ojos
es caer de un quinto piso con paracaídas.

Eres tremenda mujer
para los principios de un hombre,
que no deja de soñar con las pupilas
de la magia de una hembra como vos.

7- <u>EN BUSCA</u>

El tiempo de la poesía
no es el mío,
la mujer del vecino tampoco,
y vivo transparente al rocío
que cae de mi alma ilusionada,
en busca de librar otra batalla
lleno de pasión y ternura,
en busca de no tirar la toalla.

En busca de caminos sombríos
refutando la condenación,
y así cambiar las sensaciones
que agrupan las dinastías en miseria.
En busca de un para dar un día más,
las secuelas de la guitarra
y el traste que sólo abraza la melodía.

El director de un versículo
que se escapa para avanzar al grado,
donde las huellas se angostan
y el parabrisas de mi auto en busca.
Contaría la historia tres mil veces
por tal que se aguardara esta búsqueda.

8- <u>NO SOY NI QUIERO A NADIE</u>

Estoy en misa y procesión,
no soy de una ni de otra;
esto no es el amor…
No soy de nadie ahora.

Quiero complacerles y no,
no me complazco ni a mí mismo.
No tengo alma ni vivo,
he dejado de ser yo
y ni complacencia recibo.

No soy de nadie,
no quiero a nadie…
Sólo quiero la paz de mis días.
No soy de nadie,
no necesito más
que la tranquilidad para vivir.

9- <u>QUIERO TODO</u>

Quiero saber
lo que no sabía otra vez;
pero empezar al revés
para aprender.

Quiero imaginar
las secuencias compartidas;
y vivir en otras vidas
el verbo amar.

Quiero compartir
lo que he tenido para dar;
y así poder motivar
con lo que puedo decir.

10- <u>TIENE</u>

Tiene brillo el pelo
que cubre tu cabeza;
tiene sueño tu anhelo
y tu boca me bosteza.

Tiene ternura tu pasión,
calma, tu sencillez;
tiene cura tu corazón
y vértigo tu tez.

Tiene color tu piel
para adornar la mía;
tiene versos mi papel
para darte esta poesía.

11- <u>ES QUE SOY POETA</u>

Le faltan rosas a mi espíritu
y tú no te das cuenta de que soy poeta;
que la vida me pone en tu meta
y me propone alcanzarte en una estrella.

Trata siempre de perdonar.
Al final nuestro amor
es lo único que prevalece.
Y si hablamos de perdón,
es de ambas partes,
porque tanto hay de errores cometidos
en los dos, como en cada uno individual.

12- <u>ALUCINACIÓN EXILIADA</u>

Patrimonio inmediato, apunto:
el Internet como peligro…

Estamos en las manos de locos;
nos condenamos a un desarrollo de Bien y Mal.

Arqueología dialéctica que me desmiente;
colosal momento de Rusia y Honduras.

Partido demócrata al frente
y mis dedos anunciando la censura.

Nativos que se despueblan,
te ameritas el cambio de color
mientras a tu lado, fenecen las propiedades.

Pago el punto de acudir a la estipulación,
negociando las ganas y los billetes.

Significa mucho querer la patria
y apoderase de las ajenas para vivir.

Me desenvuelvo de las sábanas
bien temprano en la mañana,
y veo que el Diario que me tiraron
por debajo de la puerta, es un monstruo.

Las noticias están en rojo,
la economía partida al medio.

Soy un candidato más a estar jodido,
menos mal que ya termino con esta alucinación
en medio de este exilio,
que no termina nunca…

13- <u>QUEDÉ EN DESVENTAJA</u>

El olor de esta brisa matinal
me hace que reflexione y diga:
«Que lo nuestro nos fue mal
y no te quiero ni de amiga.»

El nuevo horizonte vendrá
para calarme en el Olvido;
y en este espacio sólo está
la oportunidad que se ha ido.

El columpio de tu manera
me balanceó en contracorriente;
rompiendo la mágica esfera
que giraba en mi cociente.

Acoplado en tu desafío fui
y fuertemente me aferré al sur;
porque en tu Norte me hundí
y en desventaja dejé mi tour.

 Catapultado en tu rostro febril
crezco en desproporción ahora;
ya no hay aniversario en abril
ni sudores en la aurora.

Y me quedé en desventaja
pero gané mi propia libertad;
me voy mejor por la marea baja
afiliándome digno a mi soledad.

14- <u>PROSA A MI ALIENTO</u>

Furias negras pasan mientras sueño. Amalgamas de colores se refugian en mis neuromas, para iluminarme las esperanzas. Sé que puedo todo para que me refulja la creación, y así hallo buenos socios para los negocios. Seré yo el que soy. La calma del individuo que se ha apoyado enfrente para decirme que hay que ganar; está bueno ya de perder…

Las experiencias han dejado de pasar como nubes de tempestad; ahora se quedan conmigo para enseñarme a utilizarlas. El coloquio lo pongo en donde debo y no me voy de conversación en conversación, para distraerme por ahí. Hoy ha amanecido una paloma posada en mi ventana, mirándome fijamente, es blanca como la nieve, es sincera como la verdad y grandiosa como una alameda.

Sé que ahí está mi inspiración, reconozco que nada me desenvuelve en la libertad de hallar milagros e ingredientes, para nunca claudicar.

15- <u>SIN ESCRIBIR LA POESÍA</u>

Estoy furioso e incompleto;
no sé quién soy frente al espejo.
De las manías soy objeto,
un maniático en mi propio pellejo.

No entiendo la gente que veo…
Me estipulo en las distancias
para que no me alcance el recreo,
ni las malas fragancias.

Perdidamente me encuentro
en esta tierra que habito sin guía;
y entre buscar menos me concentro
para escribir la poesía.

Borregos que me vedan el lápiz…
Quiero invitar a un café a mi musa,
pero no le gusta el sofá sin tapiz
donde a secas, causa escaramuza.

16- <u>SÓLO DIOS PERDONA</u>

Ahora que me doy cuenta
que contigo me equivoqué;
es como casi la renta
que un día no pagué.

Ahora que me doy cuenta
que sólo Dios perdona;
ya nada me tienta,
ni nadie me ambiciona.

17- <u>**HACIA LA ESPOSA AMADA**</u>

Aquí bajo el mismo árbol de siempre, con la carretera húmeda de anoche. Tú me recuerdas la avidez en este espacio, azorando mis tentaciones, haciéndome vivir.

Soy por ti, este cielo azulado de Florida; estas tardes llenas de encarcelamiento para la musa que quiere soltarse y explotarse sobre los símiles ocultos e iniciarse con las metáforas rojas del corazón.

¡Es bendito amarte Esposa amada! Nada impide el desafío del destino si hallamos el amor correspondido, la madre de nuestros hijos; la naturaleza de envejecer en los mimos techos que nos toca habitar.

Dios nos puso aquí, para procrear en su edén, para seguir la tradición de dos en dos.

18- <u>PROPIEDAD AJENA</u>

Suculento homenaje me espera
del gentío y su algarabía;
por apropiarme de una ajena,
de esa dama que siempre amaría.

Pero igual que las cosas pertenecen
al que las inventa y las compra;
esta propiedad ajena me pertenece
como al jardín las rosas.

Tengo una propiedad que no es mía
y el traspaso no es admitido;
a cada instante que la poseía
más se escapaba del marido.

Ya esta propiedad ajena es mía,
creo que nada es más que ella;
pertenece a mí, a mi vida
como al cielo las estrellas.

19- <u>YO SUEÑO SIN TI</u>

Tengo sueños húmedos
que más que húmedos
son sin ti…
Tengo una amargura por dentro
y una confusión increíble;
quiero amarte y despierto detenido
nuevamente en ti,
y vuelvo y sueño sin ti.
¿Qué pasa?
Ser volátil y negro de espanto,
morirse queriendo
y arruinado pensando en alguien
que no quiere quererte.

20- <u>ODA AL CARIÑO HURAÑO</u>

¡Éstas son noches terribles!
No puedo dormir.
Busco el sueño
y no hallo nada parecido a sucumbir.

Estoy agazapado a la almohada,
te miro contestando mi insomnio…
Te amo, me digo…
Y te burlas de cada demonio.

Las situaciones socavan
en lo cotidiano y en mí…
Y el cariño mutuo y nuestra familia,
me hace reforzarme en ti.

Nadie sabe lo que sufro,
Dios me ve y se dice por qué;
yo, enmudecido, atrapado y diferente
y sólo sé, lo que no sé…

Las etapas de la vida,
la vigencia del ímpetu acostumbrado;
¡si no fuera por ti!
Por eso, mi valor de Enamorado.

21- <u>LONGITUD DIAGONAL EN LA CAMA</u>

Somos como dos puntos equidistantes
en una misma cama;
somos como dos gotas de rocío
en épocas distintas,
con la costumbre que nos aclama.

Se me olvidó decirte que te amo
aunque dormimos en lados opuestos
de una misma cama.
Ya se nos quedó la disputa
entre las relaciones y Obama,
que si tu amiga era prostituta
o son cuerdos los que no aman.

Pero al parecer la distancia
es la que cansa y agobia,
la característica de la fragancia
que nos mutila la malformación,
la caricia impune y la palabra
dan exactas las ansias del corazón.

22- <u>HOY LE DOY GRACIAS A DIOS…</u>

Hoy le doy gracias a Dios
por la salud de mis hijos,
por la simpatía de mis amigos,
por amar tanto a la vida.

Hoy le doy gracias a Dios
por darme la familia que tengo,
por mi esposa excepcional,
por enseñarme el camino fiel.

Hoy le doy gracias a Dios
por comprender la aceptación,
por involucrarme en ser humano,
por vivir a plenitud a cada rato.

Hoy le doy gracias a Dios
por estos amaneceres por descubrir,
por estos sueños que cumplo,
por reírme de la desgracia.

Hoy le doy gracias a Dios
por haber sobrevivido a tanto,
por disfrutar de la compasión,
por poseer experiencia y juventud.

Hoy le doy gracias a Dios
por leer, escribir, practicar deportes,
por tener hermano, maestros y lenguas,
por ser libre en un país soberano.

Hoy le doy gracias a Dios
por acostarme tranquilo con crepúsculos,
por reconocer la arena y sol,
por ser quien soy y agradecer.

Hoy le doy gracias a Dios, por todo.

23- <u>NO QUIERO QUE SEA ASÍ</u>

No quiero decir Sí
si diciendo un No,
puede que me veas así
y no te importe Yo.

No quiero postularme
en tus brazos de inmediato;
ni a tu sombra maniatarme
para no morirme al rato.

No quiero padecer
de una locura incierta;
ni mezclarme en el placer
como víctima muerta.

No quiero que sea así
inmaduro de la experiencia;
contando con pensar en ti
y sin alguna paciencia.

24- <u>VOLVERME A ENAMORAR DE TI</u>

Volverme a enamorar de ti
es una misión exuberante;
a pesar de que me dejaste así,
te quise como fiel amante.

Volverme a enamorar de ti
valdría un hijo imaginario;
revolcarme en este frenesí
conlleva rumbo al calvario.

Volverme a enamorar de ti
juntará tu vida con la mía;
y confundido contigo perdí,
el deseo ardiente que tenía.

Volverme a enamorar de ti
cambiará el amor por nada;
y el respeto que te impartí
claudicaría en mi morada.

Volverme a enamorar de ti
siendo tú atada y poseída;
haría un descocado de mí,
al robar a una prometida.

25- <u>PRELUDIO A LA AMADA</u>

Yo sigo enlazado en los rasgos bellos de tu presencia. Vuelvo a recargar las baterías de mi corazón. Me levanto en peso contigo cuando te veo añadida a mí. Y no siento repudio al ser sumiso del amor que emana la relación.

Muerdo la conciencia de los pasos de tu vientre cuando te ando por tu cintura, y me gusta más aplicarme a tu bonanza que a la falsedad de las lenguas ajenas.

Yo disfruto ser tu esclavo en pleno siglo veintiuno, abnegado a tus preguntas con las contestaciones en Sí. Lloriqueo si no estás y murmuro cuando llegas. La tele la apago para verla contigo y la radio me aburre sin ti.

Amarte es un desdeño de ternuras que aplazo para quererte más, para vacilarte más, para inspirarme más. Eres la parte de mi musa que complementa mi sonrisa y la voluptuosidad de mis caprichos cumplidos.

26- <u>A RATOS</u>

Hay momentos que necesito el hábito de un verbo nuevo, ir a una compañía moderna para que se me ocurra una idea nueva.
Permuto la ira porque alguna razón me convence. Es la interpretación del Señor y de lo que he escrito de él.

A ratos me contagio con el malhumor y la gloria, aunque a veces rompo la inercia y me siembro en mi banqueta.
Yo hago pucheros en la olla de la maldad y me voy; pero la búsqueda es la merienda de volver a sonreír.
Por eso, a ratos no sé quién soy y me repito… La espada de la encrucijada me atraviesa para alentarme menos.

A ratos me encaramo en la mira de un catalejo que es ciego, y desde allí veo partir al barco de la soledad.
Yo soy el inseguro y el cansado, soy el Pánfilo y la amistad, aunque a cada rato sea Nadie en la nomenclatura del Ser.

27- <u>**NI CON UNA NI CON LA OTRA**</u>

Ni con una ni con la otra,
es como meterse dentro de una ostra;
compartir el mismo asiento
o mudarse para el sol.

Ni con una ni con la otra,
no puedo vivir en este planeta;
me sobra la ternura y me falta la paz,
quiero desaparecer por las dos.

Ni con una ni con la otra,
podría compartir el mismo pescado;
que pesco con sacrificio y sudor,
pero el plato es solamente uno.

Ni con una ni con la otra,
escaparía de este calvario promiscuo;
de esta bigamia malversada
que no sé ni cómo empezó.

Ni con una ni con la otra,
terminaría en el amor feliz;
porque una es la otra y la otra es la una,
y yo no soy más, que uno con las dos.

28- <u>ME FALTA ALGO CONTIGO</u>

Bésame la boca
Alma paciente;
que tu aura toca
el espacio de mi mente.

Tu cuerpo esmeralda,
vida esperanzadora;
piel que cubre la espalda,
Ser de amadora.

Me falta algo contigo
que es tu recreo;
la dulzura del higo,
sensación de Neo.

29- <u>LOA A JESÚS</u>

Tengo una brújula
que me guía a una luz;
no hay palabra esdrújula
que describa la cruz.

Tengo un sueño de amor
que me ha dado Jesús;
tengo demasiada fe en el perdón
y al final del túnel, hallo la luz.

Soy cristiano por su sangre,
pecador por ser humano;
y no lloro porque sea tarde
sino porque el espíritu lo sano.

30- <u>VIL</u>

La marihuana en la mano,
cartón podrido de inocente;
por nada importa un rábano
en el mensaje de la mente.

Cazabe de mayoría por ver,
asedio involuntario que mata;
es vil de aureola y prometer
la soga que al cuello te ata.

Es cansancio moribundo al ir,
partido aburrido de un lunes;
con el diablo no hay que competir
ni siquiera con dudas comunes.

Tan vil es la vida de un impío
cuando el libre albedrío lo agarra;
decidirse por el relleno del vacío
o la difusa luz de una parra.

Fanfarroneo del éxito caníbal,
buscapleitos en casa ajena y vil;
caer idiotamente como un tribal
y aparentemente, ser un civil.

31- ¿QUÉ PASA? DÍMELO TÚ…

Anoche soñé contigo y hoy al despertarme te escribí un poema. Al parecer estoy recibiendo mensajes sobre ti, lo mismo despierto que durmiendo.

Quisiera saber qué es lo que hay en el espacio sideral, para tenerte tan presente y pensarte en demasías e inocentemente. No soy ya el viajero de épocas tenebrosas, do el rastro de la flecha de Cupido me arrebataba al desasosiego.

Es una escoltilla de deseos impuros y desmedidos como una porción de agua, que se desparrama sobre nuestro cuerpo al llover; así me apareces por el pensamiento, y vuelvo a sentirme como aquel adolescente que nunca se saciaba con un beso de su doncella. ¿Qué pasa? Dímelo tú…

Nunca escapo, aunque siempre haya estado corriendo, porque en la búsqueda menesterosa, abrazo mi campaña y me embriago de coberturas y atuendos para triunfar. Pero ahora tú, la simpática y purificada alma de encuentros improvisados de mi vida; ahora y como siempre me sigues y me hablas en silencio.

¿Qué pasa? Dímelo tú… Porque tengo que parar de jugar con estos arrebatos que descontrolan mis ideas triunfales, y no sé qué rumbo tomar por la ingenua incertidumbre, que me causan estos mensajes sobre tu irreverencia consciente o inconsciente.

¿Qué pasa? Dímelo tú…

32- <u>SIRVIÓ LA EXPERIENCIA DE MI VIDA</u>

Después de un extenso recorrido laboral, de enfrentar tantos desafíos en la vida, la supervivencia y el aprendizaje, me sirvió la experiencia para entender que el dinero no da felicidad y que hay muchas cosas que están ahí para gratificarnos, y darnos el pedazo de paz que necesitamos, para compartirlo con nuestros seres queridos..., y eso no tiene precio.

Lo viví en carne propia viendo la vida de gente acaudalada, gente digna de admirar supuestamente, pero sin conocerla a fondo. Una vez que lo haces, te das cuenta de la falta de amor y de autorrealización integral que tienen, los descalifican.

La riqueza que llega por añadidura a nuestras manos, que nos compensa la salud y buenos ratos familiares…, ¡esa es la vida perfecta!

Por todo eso me sirvió esta experiencia de mi vida para emprender el verdadero sendero de libertad espiritual, y reconciliarme con las ganas de luchar por cosas que ameritan el conocimiento de saber vivir a plenitud.

33- <u>LLORO A PURO VERSO</u>

Sincero conmigo mismo:
he sido mujeriego y rico,
cangrejero en el abismo
y criador de algún perico.

Fui promotor de discotecas,
un renacuajo en mi infancia;
he cooperado con los aztecas
al servicio de esta constancia.

Lloro a puro verso y lo digo:
vendía caviar malo en Ginebra,
era buscapleitos y fui el testigo
de la matanza de una cebra.

Taciturno de bares en el Congo
y murciélago en calles de Paris;
y ya ahora tengo este hongo
que me infecta hasta la raíz.

Estornudo sin mucosidad
por estos lamentos a poquitos;
y en la viga de mi popularidad
sólo se posan los mosquitos.

34- <u>NUNCA ME HAS AMADO</u>

Nunca me ha faltado
el cariño que me das,
nunca me has dejado
ni de regalarme la paz.

Nunca me has enseñado,
cómo se te olvidaría;
nunca me has despreciado
los buenos ratos de cada día.

Nunca se te oiría decir No
cuando a asistirme se trata;
pero lo malo es que ese no soy Yo
el que a ti te arrebata.

Nunca me has amado
y lo sabe el mercantil;
nunca lo ha dudado
ni siquiera mi tío el albañil.

35- <u>CORAZÓN AVIVADO</u>

Toca mi puerta
corazón avivado,
que está abierta
cuando estoy enamorado.

Es tu corazón de roca,
de perfume es tu Ser;
los besos de tu boca
sinfonía al atardecer.

Tras la música tu risa,
espacio tiene mi momento;
para que te traiga la brisa
de este simple viento.

Corazón avivado,
molécula de malversación;
hoy ya estoy enamorado
pero desde mi corazón.

36- <u>PROSA LUXADA</u>

Besos que conmueven el alma desde adentro cuando se besa de verdad. Sinceramente, me acuerdo de que el tiempo es el vuelto de la comitiva que sale en retrospectiva al vernos. Se fue el mercado…
Dejé a un lado la ignorancia y abracé el mundo. Narciso iracundo. Movimiento con deseos. Hoy descubrí tu ombligo y me muevo a tu escondite. Es casi difícil vivir, pero aprender de la vida es lo que nos hace realmente vivir.
Uno vive intensamente hasta cuando duerme como un lirón en su lecho. Seguro que siempre estaré allí, donde la luz de la amistad me alumbra la vida.

37- <u>ESTOY AQUÍ… TE BUSCO</u>

En orlas de escarmiento, he vivido a tu lado y he residido con testarudez. Nunca tuve estabilidad, aunque parezca de trapecista convivir en tu compañía. Estos años se hacen una prueba de que el amor lo puede todo.
Yo soy un inquieto semblante del fugitivo y del bohemio que fui hasta quedarme entre tus brazos, como una raíz en su maceta y descubrirme enamorado de tu esencia, de tu olor, de tus senos, de tu boca, de tus cabellos, de la estrella que llevas en el centro del corazón…
Yo soy el que te busco, aunque estoy aquí, contigo.

38- <u>PROTESTO DE ESTE VIVIR</u>

Hoy baña el mar de sueños al dos mil nueve
y yo me revuelco en el club con Blancanieves.

Los sitiadores ya salen en busca de un celular
y llorando garrafalmente por la crisis de Irak.

«Palomino», el gran sabio del tarot y los malos,
les engendra ladillas a los agujeros de su palo.

Pero protesto por la confusionista y el portero;
por la escaramuza del ciclismo con un pelotero.

Repertorio de excarcelados con difuntos libres;
soy un ternero en destete que le falta el calibre.

Vénganse a la página Web de un pringado vil,
y verá que no se entera ni la Guardia Civil.

Yo protesto porque soy un patrimonio cultural,
subastado para vivir sin hemisferio central.

New Jersey, Estambul, Marilyn y la marihuana,
nada de eso es como una hembra italiana.

Y protesto al viento, a la abreviatura de la vida,
por la ruleta rusa que nos presiona sin medida.

Acostarme con cualquiera que no sea tu figura,
alzarme siempre en los senos de una aventura.

Quiero prostituirme en el partido de los vivos,
caerme como crepúsculo en el sol que percibo.

Voy a desnudar a la luna delante de la tierra,
mudarme de este sistema para no ver guerras.

39- <u>MAÑANA SERÁ UN DÍA DE LOCURA</u>

Quiero apagar todas las estrellas del cielo
y encender todas las luces del día;
que corran en patines las horas por el suelo,
que piso esperando que llegue el mediodía.

Tú estarás anhelante también, pecaminosa
e inconsciente como tu tía y mi prima;
pero, yo que anhelo atraparte como cada cosa,
me darás ese placer cuando llegue a tu cima.

Mañana será un día de locura para los dos,
terminaremos en el Motel más lejano…
El encuentro no sé si es contigo o con Dios,
pero sentiré que el infierno será en vano.

40- <u>HA MUERTO MI EGO</u>

Desvencijado como un Quijote,
con un ombligo sin piercing;
mi amigo muerto por un coyote
y una gastritis por la Pepsi.

El azar de la intemperie,
la crisis que no acaba de salir;
la situación mía es la carie
del mismo intento de parir.

Caños impúdicos disfuncionales,
baratijas de reses japonesas;
me han cambiado los anales
y la constitución de las promesas.

¡Ha muerto mi ego! Es docudrama
que se posa en la pared;
vacila la propuesta de Obama
y se burla el agua de la sed.

41- <u>MUNDO I Y II</u>

I

Huelga de hambre,
centenares de zapatos rotos…
Bush y el gobierno de talibanes,
la cura del cáncer en veremos,
deportación de ilegales,
juguetes donados para niños pobres…
Esperamos ciclones y tsunamis,
morimos en Desarrollo.

II

Patria, cualquier palabra sin decir;
escuela, guerra para drogas;
música, vivir en espera de un mundo mejor;
colonia, hablar el idioma de otros;
la esperanza era verde y el chivo se la comió.

42- <u>GOOGLE</u>

Variantemente, declamo mis inquietudes… Eunuco de tormentos y me lavo la cara. Entro en Google y comienzo la búsqueda. La noche está despejada detrás de un día lluvioso. El curro va mal, pero yo continúo ahí, en Google.
Aquí, en esta página hay de todo. Hallas desastres y maravillas; puedes navegar desde donde estás hasta la misma Conchinchina. Nada le falta a la información ni a la ternura de las chicas que ofrecen caricias por verdes.
¡Santo Google! ¡Cómo te necesito! Me voy de una Web a otra, viendo los remedios caseros y las catástrofes asiáticas. La burla de los que no somos comunistas ni tampoco racistas. Caminando con la vista por el espacio cibernético e introduciendo más información, para este cerebro ya tan inepto de no abrir un libro.
Google, tú eres la paz de los vagos y los llenos de miércoles como yo, que nos esparcimos por tus entrañas, espiando las noticias que nos importa y las que no.

Así es la tristeza de las exuberancias. ¡Qué bueno expeler las lágrimas que nos provocan las historietas fantásticas de la red! Saber que hay un carnaval en Río o una nevada insoportable en Alemania. Enterarse una vez más quien nace y quien muere… Pero, muy agradecido de Google, por apoderarse de las riendas de mi período inservible.

43- <u>¡QUÉ JUEGO DE LOCOS!</u>

Cansa esta zozobra sin ti,
me falta el sosiego
y me mata la incertidumbre.
Estás lejos…, ¡quién sabe cuánto!
Y tan cerca cibernéticamente;
mi pasión te necesita.
Me debato entre el sufrir y el No.
Apareces en mi comida,
te ocultas detrás de Los Andes,
vives pendiente de mi literatura
y yo por descubrirte.
¡Qué juego de locos!
Una sonrisa incitando a mi ser,
el momento contigo
es una lotería sin números,
un orgasmo extático y te pienso.
Vuelvo a sentirme colegial
pero en el siglo veintiuno;
diminuto en los versos de Neruda
e incapaz en mi poesía.
Eres tan especial que no vales tanto
como el silencio que das
en este espacio que no compartimos.
¡Qué juego de locos!
Yo sin ti y te extraño sin conocerte…
Y tú sin mí, que me quieres sin verme.
Solamente hay dos locos: Tú y Yo.

44- <u>LAS SEIS Y MEDIA DE LA MAÑANA</u>

He despertado y apenas son las seis y media de una mañana llena de canturreos de aves. Mi cabeza da vueltas como un hipódromo en uso, porque los pensamientos me inyectan venenos y también el beneficio de la duda.
Te extraño hasta en el despertar de la aurora. Conozco el mundo entero y no tus ojos. Estás incomprensible en mi gnosis; repentinamente, hilvanada en la memoria de ermitaños augurios y promesas de un hombre.
Son las seis y media de la mañana y no te encuentro en mi teclado, ni en la pantalla del computador.
Declararía mi derrota porque me tomarás de rehén en tus brazos. Aunque, inútilmente, me bato con esta alba llena de glamur y esperanzas rosadas…
¡Tú eres un puro sueño que tuve anoche!

45- <u>MI DON</u>

He tenido y tengo la bendición de la pluma. Poseo el coloquio y la resistencia de la superación. Llevo la cultura de tarea y el sacrifico de la lectura aun cuando me visita el dolor de cabeza.

Mi Don es conocerme a mí mismo y no claudicar en el oficio de las letras y las inspiraciones, cuando la musa proclama la guerra con adjetivos bellos y sustantivos descriptibles para la realidad.

Es Dios el que me dio este Don tan lleno de riqueza interior y el milagro de regalar alegrías y reflexiones a los demás.

La música me ha nacido del talento; la conjugación de unos con otros. Mi dádiva la conservaré mientras pueda escribir o viva lúcido, porque aquí es donde vivo yo, en la envoltura de mi esencia carnal y en la expresión espiritual.

Esa intuición es mi Don agazapado en mi ser, mis manos, mi cerebro y mi cuerpo… Es mi Don el arte de escribir la vida y el testimonio que transité, transito y transitaré.